ΕΠΙΤΥΧΗΣ ΑΝΑΘΕΣΗ ΑΡΜΟΔΙΟΤΗΤΩΝ

Εξοικονομήστε χρόνο και αυξήστε την ποιότητα στην εργασία

ΕΠΙΤΥΧΗΣ ΑΝΑΘΕΣΗ ΑΡΜΟΔΙΟΤΗΤΩΝ

Εξοικονομήστε χρόνο και αυξήστε την ποιότητα στην εργασία

γραμμένο από Véronique Bronckart
μεταφρασμένο από Lina Sideris

ΕΠΙΤΥΧΗΣ ΑΝΑΘΕΣΗ ΑΡΜΟΔΙΟΤΗΤΩΝ

- **Πρόβλημα;** Πώς να αναθέτετε αποτελεσματικά καθήκοντα και αρμοδιότητες στους υπαλλήλους;

- **Γιατί είναι χρήσιμο; Η** ανάθεση καθηκόντων σε συναδέλφους όχι μόνο εξοικονομεί χρόνο σε ένα έργο, αλλά επίσης παρακινεί και καλλιεργεί τα ταλέντα τους ώστε να δώσουν στο έργο κάθε πιθανότητα επιτυχίας.

- **Επαγγελματικό πλαίσιο?** Διαχείριση έργων, διαχείριση ομάδων κ.λπ.

- **ΣΥΧΝΕΣ ΕΡΩΤΗΣΕΙΣ?**

  - Δεν αισθάνομαι καταβεβλημένος, θα πρέπει να αναθέσω την εργασία μου;

  - Πότε είναι η κατάλληλη στιγμή για να αναθέσετε αρμοδιότητες;

  - Όταν αναθέτω, παραιτούμαι από μέρος του έργου;

  - Μπορώ να αναθέσω στην ομάδα μου όλα τα είδη εργασιών;

  - Αφού ανατεθεί η εργασία, χρειάζεται να την εκτελώ;

  - Ποια εργαλεία μπορούν να με βοηθήσουν να οργανώσω την ανάθεσή μου;

  - Ποιοι είναι οι κίνδυνοι της ανάθεσης;

  - Πώς μπορώ να είμαι σίγουρος ότι ο συνάδελφός μου θα καλωσορίσει αυτή την ανάθεση;

- Μπορεί να ανακληθεί μια ανάθεση κατά τη διάρκεια του έργου;

- Χρειάζεται να επισημοποιήσω γραπτώς την εξουσιοδότησή μου;

Για πολλούς, η ανάθεση σημαίνει "απώλεια ελέγχου". Από φόβο μήπως αναστατώσουν τους άλλους, από έλλειψη εμπιστοσύνης ή απλώς για να διασφαλίσουν ότι ένα έργο θα εκτελεστεί σύμφωνα με τις προσδοκίες και τους όρους τους, προσπαθούν να φέρουν εις πέρας το έργο μόνοι τους. Αλλά σε αυτή την περίπτωση, ο κίνδυνος να κατακλυστείτε από τον αριθμό των εργασιών που πρέπει να διεκπεραιώσετε και να μην επιτύχετε τον στόχο, ή ακόμη και να πάθετε επαγγελματική εξουθένωση, δεν είναι ποτέ μακριά.

Για να αποφύγει αυτού του είδους τις καταστάσεις, ένας καλός διαχειριστής έργου κατέχει την τέχνη της αποτελεσματικής ανάθεσης. Πράγματι, ο ρόλος του δεν είναι να ελέγχει κάθε στοιχείο του έργου, αλλά να ενορχηστρώνει το σύνολο! Η ανάθεση ενός μέγιστου αριθμού καθηκόντων σε άλλους θα του επιτρέψει να αποφύγει την υπερφόρτωση και το άγχος που θα μπορούσαν να αποβούν επιζήμια για την επιτυχία του έργου και να επικεντρωθεί στις πιο σημαντικές ενέργειες. Επιπλέον, θα δώσει μια ορισμένη αυτοπεποίθηση στα μέλη της ομάδας. Θα νιώσουν ότι συμμετέχουν, γεγονός που θα τους δώσει κίνητρα και θα τους κάνει να νιώσουν ότι εκτιμώνται. Όλοι κερδίζουν!

Όμως, η ανάθεση δεν είναι μια απόφαση που πρέπει να λαμβάνεται ελαφρά τη καρδία και δεν πρέπει να γίνεται βιαστικά, με κίνδυνο να καταστραφεί το έργο και να αποθαρρυνθείτε από το να επαναλάβετε την εμπειρία. Μη φοβάστε να βασιστείτε στους συναδέλφους σας και ανακαλύψτε τους κανόνες που πρέπει να ακολουθείτε και τη συμπεριφορά που πρέπει να σέβεστε σε σχέση με τους συναδέλφους σας, ώστε να αναθέτετε χωρίς φόβο και να ολοκληρώνετε με επιτυχία το έργο σας.

ΤΑ ΒΑΣΙΚΑ ΣΤΟΙΧΕΙΑ ΤΗΣ ΑΠΟΤΕΛΕΣΜΑΤΙ-ΚΗΣ ΑΝΑΘΕΣΗΣ

ΤΙ ΕΙΝΑΙ Η ΑΝΑΘΕΣΗ;

Μεταβίβαση της ευθύνης

Το πρώτο πράγμα που πρέπει να αποφύγετε είναι να συγχέετε την ανάθεση με την κατανομή καθηκόντων, καθώς οι δύο αυτές προσεγγίσεις είναι αρκετά διαφορετικές. Η ανάθεση αφορά την ανάθεση ενός ή περισσότερων καθηκόντων (ή στόχων, καθώς οι ενέργειες θα προκύψουν από αυτά) σε έναν ή περισσότερους υπαλλήλους και την ανάθεσή τους σε αυτούς. Δεν πρόκειται για την εγκατάλειψη ενός σχεδίου, την απώλεια του ελέγχου του, την αποκέντρωσή του ή ακόμη και την απώλεια της εξουσίας, αλλά για τον διαμοιρασμό της υλοποίησής του προς όφελος ενός καλύτερου τελικού αποτελέσματος.

Η έννοια της ευθύνης είναι ουσιαστική εδώ. Όταν ανατίθεται σε έναν εργαζόμενο μια εργασία, πρέπει να του δίνεται μια ορισμένη ελευθερία να λαμβάνει αποφάσεις. Πρέπει να είναι σε θέση να προχωρήσει όπως επιθυμεί προκειμένου να επιτύχει τον στόχο που έχει τεθεί. Εάν δεν έχει αυτή την εξουσία λήψης αποφάσεων, δεν πρόκειται για ανάθεση, αλλά απλώς για τη διαβίβαση μιας εντολής σε έναν υφιστάμενο. Ωστόσο, ακόμη και αν ο υπάλληλός σας είναι υπεύθυνος για την επίτευξη του στόχου του, εσείς παραμένετε ο εγγυητής των δραστηριοτήτων και των αποφάσεων του υπαλλήλου στον οποίο αναθέσατε το έργο. Για το λόγο αυτό πρέπει να έχετε πλήρη εμπιστοσύνη στο πρόσωπο που έχετε επιλέξει και πρέπει να εξασφαλίσετε ένα ορισμένο ποσό παρακολούθησης για να διασφαλίσετε ότι οι στόχοι θα επιτευχθούν.

ΠΡΟΣΩΡΙΝΗ Η ΜΟΝΙΜΗ ΑΝΤΙΠΡΟΣΩΠΕΙΑ;

- Η προσωρινή ανάθεση είναι η πιο συνηθισμένη μορφή. Είναι σύνηθες ένας υφιστάμενος να αντικαθιστά τον προϊστάμενο γραμμής που είναι υπεύθυνος για τη λήψη αποφάσεων κατά την απουσία του τελευταίου ή να καλείται αν απαιτούνται οι ικανότητές του. Στην περίπτωση αυτή, οι έννοιες των αποφάσεων και της εξουσίας διαχωρίζονται: ο υφιστάμενος λαμβάνει τις αποφάσεις κατά τη διάρκεια της περιόδου ανάθεσης, αλλά δεν θα είναι υπεύθυνος για τις συνέπειες.

- Η μόνιμη εξουσιοδότηση είναι η παραχώρηση μακροπρόθεσμης εξουσίας λήψης αποφάσεων για ορισμένες προκαθορισμένες καταστάσεις. Οι έννοιες της απόφασης και της ευθύνης συνδέονται- ο εργαζόμενος πρέπει επομένως να αναλάβει τις συνέπειες των πράξεών του. Στην περίπτωση αυτή, είναι σκόπιμο να προβλεφθεί τροποποίηση της σύμβασης εργασίας του εργαζομένου.

Στυλ διαχείρισης

Πρόκειται για το είδος της διοίκησης που επηρεάζει και διευκολύνει την ανάθεση αρμοδιοτήτων εντός της επιχείρησης. Μπορεί να είναι:

- **οδηγία.** Αυτό το στυλ διαχείρισης είναι πολύ δομημένο. Οι οδηγίες και οι κατευθυντήριες γραμμές είναι ακριβείς. Ο εργαζόμενος γενικά δεν έχει πραγματική εξουσία λήψης αποφάσεων, γεγονός που δεν αποτελεί κίνητρο. Δεν πρόκειται για ανάθεση καθ' εαυτήν, αλλά μάλλον για εντολή εκτέλεσης ενός έργου,

- **επεξηγηματικό.** Οργανώνεται με σκοπό την κινητοποίηση. Οι οδηγίες και οι κατευθυντήριες γραμμές είναι ακριβείς και συνοδεύονται από εξηγήσεις και αιτιολογήσεις για τις αποφάσεις που λαμβάνονται. Το επίπεδο αυτονομίας του προσωπικού είναι χαμηλό, γεγονός που μπορεί να επιβραδύνει τη διαδικασία ανάπτυξης του έργου,

- **συμμετοχική.** Αυτό το στυλ είναι προσανατολισμένο στις σχέσεις. Αν και μπορεί να φαίνεται κάπως ανοργάνωτη, είναι σχετικά αποτελεσματική. Οι αποφάσεις λαμβάνονται σε συνεννόηση με τους εργαζόμενους, γεγονός που τους παρακινεί και τους ενθαρρύνει να συμμετέχουν στο έργο,

- **"αντιπροσωπευτική" διαχείριση.** Αυτός ο τύπος διοίκησης, που βασίζεται στην εμπιστοσύνη που δείχνει ο προϊστάμενος στους υπαλλήλους του, βασίζεται στην υπευθυνότητα, την αυτονομία, την πρωτοβουλία και τη λήψη αποφάσεων. Τα μέλη της ομάδας αισθάνονται ότι εκτιμώνται και επενδύουν στο έργο.

Κάθε στυλ διαχείρισης έχει τα δυνατά και τα αδύνατα σημεία του. Η τέχνη του καλού ηγέτη ομάδας είναι να μπορεί να αλλάζει από το ένα στυλ στο άλλο ανάλογα με το πρόσωπο στο οποίο απευθύνεται και την κατάσταση. Είναι προφανώς το "αντιπροσωπευτικό" στυλ που προωθεί καλύτερα την ανάθεση αρμοδιοτήτων μεταξύ ενός διευθυντή και της ομάδας του.

Ο νόμος του καταμερισμού της εργασίας

Πολλοί διευθυντές έχουν χάσει την πίστη τους στην ανάθεση και βρίσκουν χίλιες δικαιολογίες για να μην τη χρησιμοποιήσουν: "Είναι πολύ μεγάλη ευθύνη για τους υπαλλήλους", "Η εργασία δεν θα γίνει σωστά", "Θα πάρει πολύ χρόνο να εξηγήσω τα πάντα". Με τον τρόπο αυτό, ξεχνούν γρήγορα μια μικρή αλλά σημαντική λεπτομέρεια: η ανάθεση είναι σύμφωνη με το νόμο του καταμερισμού της εργασίας. Η θεωρία αυτή, που διατυπώθηκε από τον Άνταμ Σμιθ (Βρετανός διαφωτιστής οικονομολόγος, 1723-1790), συνίσταται στη διαίρεση μιας ενιαίας σύνθετης εργασίας σε διάφορες, οι οποίες στη συνέχεια εκτελούνται από διαφορετικούς επαγγελματίες. Λογικά, ένα άτομο που επικεντρώνεται σε μια συγκεκριμένη εργασία θα είναι πιο αποδοτικό από ένα άλλο που προσπαθεί να διαχειριστεί πολλές εργασίες. Έτσι, η ανάθεση, μέσω του καταμερισμού της εργασίας, αυξάνει την παραγωγικότητα. Θα ήταν κρίμα να μην το εκμεταλλευτείτε!

Ποια είναι τα πραγματικά οφέλη;

Ο διαχειριστής έργου δεν είναι υπεράνθρωπος, δεν μπορεί να τα κάνει όλα ταυτόχρονα, με κίνδυνο να μην είναι συγκεντρωμένος στα σημαντικά καθήκοντα και να κάνει λάθη. Η γνώση του πώς να αναθέτετε καθήκοντα είναι επομένως μια πραγματική δεξιότητα που πρέπει να αποκτήσετε για να βελτιστοποιήσετε τη διαχείριση του χρόνου και να αποφύγετε την υπερφόρτωση ή ακόμη και την υπερφόρτωση. Αναθέτοντας καθήκοντα σε υπαλλήλους, ο διευθυντής μπορεί να αφοσιωθεί σε καθήκοντα ειδικά για τη θέση του. Για να το κάνετε αυτό, πρέπει να αποδεχτείτε ότι θα χάσετε λίγο χρόνο στην αρχή για να κερδίσετε χρόνο μακροπρόθεσμα. Αυτή η στρατηγική διαχείρισης συνιστάται συχνά ως μέρος της πρόληψης της επαγγελματικής εξουθένωσης.

Η ανάθεση συνιστάται επίσης, και πάνω απ' όλα, ως μέρος μιας συνολικής στρατηγικής διαχείρισης της ομάδας για την ανάπτυξη των επιδόσεων της ομάδας, την αξιοποίηση των δεξιοτήτων και της εμπειρίας κάθε μέλους και την κινητοποίησή τους για την καλύτερη παρακίνησή τους. Πράγματι, η ανάθεση μιας αποστολής και η ανάθεση στους υπαλλήλους της ευθύνης για την επίτευξη ενός στόχου είναι πολύ ικανοποιητική. Θα νιώσουν χρήσιμοι για την εταιρεία και, συνειδητοποιώντας τη σημασία του ρόλου τους στην ανάπτυξη της εταιρείας, θα εμπλακούν ακόμη περισσότερο στην αποστολή τους. Τέλος, αναθέτοντας ορισμένα καθήκοντα σε αρμόδιους ανθρώπους, εξασφαλίζετε την ποιότητα της εργασίας και τους επιτρέπετε να αναπτύξουν τις δεξιότητές τους. Τέλος, ο στόχος της ανάθεσης είναι να πετύχουμε μαζί.

 ΤΑ ΦΡΕΝΑ

Η αντίσταση σε αυτή την προσέγγιση μπορεί να είναι πολ-λαπλή:

- έλλειψη εμπιστοσύνης στον εαυτό του ή στους συναδέλφους του,

- έλλειψη χρόνου για τον καθορισμό των στόχων που πρέπει να ανατεθούν και σε ποιον,

- έλλειψη δεξιοτήτων στην ομάδα,

- έλλειψη εμπειρογνωμοσύνης στην ανάθεση αρμοδιοτήτων,

- ο φόβος της απώλειας της εξουσίας,

- ο φόβος της δημιουργίας ζηλοτυπίας εντός της ομάδας.

- Αυτά τα εμπόδια είναι φαύλοι κύκλοι. Για να τις σπάσετε, υπάρχει μόνο μία λύση: μάθετε τους κανόνες για την αποτελεσματική ανάθεση αρμοδιοτήτων.

ΠΡΟΕΤΟΙΜΑΣΙΑ ΤΗΣ ΑΝΤΙΠΡΟΣΩΠΕΙΑΣ

Είναι σημαντικό να μην περιμένετε μέχρι να εξουθενωθείτε για να παραδώσετε κάποια από τις εργασίες σας σε κάποιον άλλον, καθώς αυτό απαιτεί αρκετή προετοιμασία εκ των προτέρων. Όπως με κάθε απόφαση, τα ερωτήματα "Τι; Ποιος; Πώς; Γιατί;

Καθορισμός των καθηκόντων

Προτού πέσετε με τα μούτρα στη δουλειά και αναθέσετε τα πάντα, ξεκινήστε επιλέγοντας τις εργασίες που μπορείτε να κάνετε μόνοι σας ανάλογα με τον φόρτο εργασίας και τις δεξιότητές σας. Στη συνέχεια, αναλύστε τα υπόλοιπα και ταξινομήστε τα σε αυτά που:

- μπορούν εύκολα να γίνουν από κάποιον άλλον (εργασίες ρουτίνας με μικρό αντίκτυπο στο υπόλοιπο έργο),

- απαιτούν μια συγκεκριμένη δεξιότητα,

- μπορεί να ανατεθεί σε εξωτερικό φορέα.

Βεβαιωθείτε ότι δεν αναθέτετε μόνο τις δύσκολες εργασίες, αλλά και κάποιες από τις πιο αποδοτικές, διαφορετικά κινδυνεύετε να αποθαρρύνετε τον υπάλληλό σας. Τέλος, φυσικά δεν μπορείτε να αναθέσετε καθήκοντα που είναι αρμοδιότητα του διευθυντή, όπως η επίλυση συγκρούσεων, η πειθαρχία κ.λπ.

Επιλογή του σωστού εργαζομένου

Το επόμενο βήμα είναι η επιλογή του εκπροσώπου. Είναι πολύ σημαντικό να επιλέξετε το κατάλληλο άτομο για να εκτελέσει αποτελεσματικά αυτό το έργο. Θα ήταν αντιπαραγωγικό να αναθέσετε τη δημιουργία του δικτυακού τόπου της εταιρείας σε έναν αρχάριο πληροφορικής, ακόμη και αν θέλετε να τον ευχαριστήσετε.

Ο στόχος είναι να μάθετε τις δεξιότητες των εργαζομένων σας, τις δυνατότητές τους, τον τρέχοντα φόρτο εργασίας τους, τα κίνητρά τους και τα σχέδια σταδιοδρομίας τους, ώστε να οργανώσετε την ανάθεσή σας έτσι ώστε όλη η ομάδα να επωφελείται και να δίνει τον καλύτερό της εαυτό. Αυτή η προσέγγιση αποτελεί μέρος μιας ομαδικής προσέγγισης: δεν πρόκειται μόνο για εξοικονόμηση χρόνου, αλλά και για να μπείτε στη θέση των υπαλλήλων σας για να τους βοηθήσετε να προοδεύσουν και να πετύχουν μαζί.

Ξεκινήστε απαριθμώντας τις εργασίες που θέλετε να αναθέσετε και, στη συνέχεια, αναλύστε το προφίλ των συναδέλφων σας. Για να το κάνετε αυτό, χρησιμοποιήστε έναν πίνακα δεξιοτήτων. Θα σας δώσει μια επισκόπηση των τεχνικών και ανθρώπινων πόρων των υπαλλήλων σας και θα σας επιτρέψει να αντιστοιχίσετε την εκτέλεση μιας εργασίας με ένα συγκεκριμένο προφίλ.

Έτσι, για ένα έργο που περιλαμβάνει την υλοποίηση μιας νέας διαφημιστικής εκστρατείας, για παράδειγμα, βεβαιωθείτε ότι το άτομο που θα επιλεγεί διαθέτει δεξιότητες επικοινωνίας και μάρκετινγκ, καθώς και ένα βιβλίο διαφημιστικών επαφών σχετικών με την εργασία. Μόλις επιλεγεί το άτομο, βεβαιωθείτε ότι έχει το χρόνο να αφιερώσει στην αποστολή και ότι είναι πρόθυμο να δεσμευτεί για το έργο.

Καθορισμός στόχων

Πριν καν σκεφτείτε να ενημερώσετε τον τυχερό για την απόφασή σας, πρέπει να ορίσετε με σαφήνεια την αποστολή και τους στόχους που πρέπει να επιτευχθούν, ώστε να διευκολυνθεί η εφαρμογή του σχεδίου δράσης. Η μέθοδος S.M.A.R.T.E. είναι πολύ χρήσιμη για το σκοπό αυτό.

- **S = Συγκεκριμένα**. Ποια ακριβώς είναι η αποστολή;

- **M = Μετρήσιμο**. Πώς θα μετρήσω τα αποτελέσματα που θα επιτευχθούν; Τι θα μου επιτρέψει να πω ότι το αποτέλεσμα έχει επιτευχθεί;

- **A = Φιλοδοξία**. Γιατί είναι σημαντικό να επιτευχθεί αυτό το έργο και ο στόχος; Πρόκειται για τον καθορισμό της κινητή- ριας δύναμης των κινήτρων!

- **R = Ρεαλιστικό**. Είναι η αποστολή εφικτή; Ποιους πόρους θα θέσω στη διάθεση του συνεργάτη μου για να τον/την καταστήσω επιτυχημένο/η (οικονομικά, κατάρτιση, υλικά κ.λπ.);

- **Τ = χρόνος**. Πόσο σύντομα πρέπει να επιτευχθεί ο στόχος; Λάβετε υπόψη τον τρέχοντα φόρτο εργασίας του εν λόγω εργαζομένου.

- **Ε = Entourage/Περιβάλλον**. Αν και δεν είναι πάντα αποδεκτό (η πιο γνωστή έκδοση δεν έχει Ε), ορισμένοι επαγγελματίες προσθέτουν αυτή την πτυχή. Το θέμα είναι να ελέγξετε ότι το έργο δεν βλάπτει εσάς ή την εταιρεία.

Ρύθμιση του σκηνικού

Ας πάρουμε ένα παράδειγμα για να καταδείξουμε καλύτερα την άποψή μας. Ο διευθυντής ενός οίκου ευγηρίας θέλει να οργανώσει ένα Σαββατοκύριακο στην Αλσατία για 50 ενοίκους κατά τη διάρκεια της χριστουγεννιάτικης αγοράς. Διαθέτει προϋπολογισμό 500 ευρώ ανά κάτοικο για μεταφορά και διαμονή, αλλά δεν γνωρίζει πώς να χρηματοδοτήσει ολόκληρο το ταξίδι ή πού να φιλοξενήσει τους κατοίκους του. Επιπλέον, δεν έχει χρόνο να αφιερώσει σε αυτό το έργο. Ως εκ τούτου, αποφασίζει να αναθέσει ορισμένα καθήκοντα στο προσωπικό του, με κύριο στόχο να φιλοξενήσει τους ενοίκους με τον καλύτερο δυνατό τρόπο, φροντίζοντας παράλληλα να διατηρήσει την απαραίτητη φροντίδα. Θα αναθέσει τα καθήκοντα προϋπολογισμού στον οικονομικό διευθυντή του, ο οποίος είναι ικανός να χειριστεί αυτού του είδους τα καθήκοντα, και τα καθήκοντα διαχείρισης των μεταφορών και της διαμονής στον εκτελεστικό του βοηθό.

ΑΝΑΘΕΣΗ ΚΑΘΗΚΟΝΤΩΝ ΣΤΟΝ ΕΝΤΟΛΟΔΟΧΟ

Ενημέρωση του ενδιαφερομένου

Αφού προσδιορίσετε το πρόσωπο που θα εκτελέσει την αποστολή, θα πρέπει να το ενημερώσετε σχετικά και να του εξηγήσετε τις λεπτομέρειες της αποστολής κατά τη διάρκεια μιας συνέντευξης. Είναι επίσης μια ευκαιρία να θέσετε το πλαίσιο και να κινητοποιήσετε τα κίνητρά τους. Προκειμένου η προσωπική συνάντηση να κυλήσει όσο το δυνατόν πιο ομαλά και να αποτελέσει εφαλτήριο για την υπόλοιπη διαδικασία, πρέπει να εξεταστούν διάφορα σημεία.

- Εξηγήστε στον εργαζόμενο τα χαρακτηριστικά του έργου, όπως τους στόχους που πρέπει να επιτευχθούν, τους οικονομικούς πόρους που διατίθενται για το έργο, τους υλικούς και ανθρώπινους πόρους που διατίθενται, τις προθεσμίες που έχουν τεθεί και τα εμπόδια που μπορεί να συναντήσει. Εξηγήστε με σαφήνεια τις προσδοκίες σας όσον αφορά τα αποτελέσματα και βεβαιωθείτε ότι κατανοούν. Για παράδειγμα: "Στο γηροκομείο μας, θέλω να αναλάβετε την υλοποίηση της νέας δραστηριότητας για τους ενοίκους μας.

- Θα πρέπει επίσης να καθορίσετε μαζί με τον εργαζόμενο τον βαθμό αυτονομίας που έχει και με ποιον πρέπει να επικοινωνήσει εάν η κατάσταση υπερβαίνει το επίπεδο ευθύνης του. Κατά γενικό κανόνα, τα περιθώρια ελιγμών του εργαζομένου συμβαδίζουν με την ιεραρχική του θέση και τις δεξιότητές του. Ο διευθυντής τείνει να δίνει μεγαλύτερη ελευθερία στον προϊστάμενο του τμήματος από ό,τι στον διοικητικό βοηθό. Από την άλλη πλευρά, εάν η ομάδα αποτελείται από υπαλλήλους της ίδιας βαθμίδας, ο διευθυντής θα προσαρμόσει την αυτονομία ανάλογα με την εμπιστοσύνη που έχει στο άτομο. Για παράδειγμα: "Μπορείτε να λαμβάνετε όλες τις αποφάσεις για δαπάνες κάτω των 2.000 ευρώ. Πέρα από αυτό, πρέπει να με συμβουλευτείτε. Υπάρχουν γενικά έξι επίπεδα αυτονομίας, από το μηδέν έως την πλήρη ελευθερία κινήσεων.

 ## ΑΥΤΟΝΟΜΙΑ ΚΑΙ ΕΥΘΥΝΗ

Όταν οι άνθρωποι έχουν μικρή αυτονομία ή εξουσία λήψης αποφάσεων, αλλά τους ανατίθενται πολλές ευθύνες, μπορεί να αναπτυχθούν εντάσεις και να επιδεινωθεί το κοινωνικό κλίμα της επιχείρησης. Επομένως, βεβαιωθείτε ότι αναθέτετε μια εργασία στην οποία το επίπεδο αυτονομίας αντιστοιχεί στο επίπεδο ευθύνης. Μην ζητάτε από έναν εργαζόμενο να είναι υπεύθυνος για μια απόφαση που έχετε επιβάλει.

- Εξηγήστε γιατί τον/την επιλέξατε αντί για κάποιο άλλο άτομο, αναφέροντας κάποιες από τις ικανότητές του/της. Για παράδειγμα: "Έχετε πολυετή εμπειρία σε αυτόν τον τομέα και διαθέτετε καλές οργανωτικές ικανότητες.

- Εξηγήστε επίσης τη σημασία του έργου στο σύνολό του. Αυτό θα τους βοηθήσει να καταλάβουν γιατί τους ζητάτε να κάνουν αυτή ή εκείνη την εργασία και θα τους παρακινήσει. Για παράδειγμα: "Σας ζητώ να δημιουργήσετε αυτή τη νέα δραστηριότητα για τους ηλικιωμένους, επειδή έχουμε πολλά αιτήματα από αυτούς και αυτή η εξέλιξη θα μας επιτρέψει να ξεχωρίσουμε από τα άλλα γηροκομεία. Ένα άλλο παράδειγμα: "Η προσθήκη αυτής της θέσης θα είναι πολύ επωφελής για την εικόνα της μάρκας μας και τον κύκλο εργασιών μας.

• Τέλος, ρωτήστε τους τι σκέφτονται γι' αυτό και διαπραγματευτείτε τυχόν θέματα με τα οποία αντιμετωπίζουν προβλήματα.

 ΤΟ ΚΛΕΙΣΙΜΟ ΤΟΥ ΜΑΤΙΟΥ ΤΟΥ ΔΙΕΥΘΥΝΤΗ

Μην ξεχάσετε να ενημερώσετε ολόκληρη την ομάδα για την απόφαση ανάθεσης. Επαναλάβετε τους στόχους και τις προθεσμίες και εμπλέξτε τα υπόλοιπα μέλη της ομάδας στην επιτυχία του έργου, κάνοντάς τα να καταλάβουν ότι έχουν κι αυτά ρόλο να διαδραματίσουν.

Παρακολούθηση και υποστήριξη

Η παρακολούθηση και ο έλεγχος αποτελούν αναπόσπαστο μέρος της διαδικασίας ανάθεσης. Στόχος είναι να ελεγχθεί ότι ο εργαζόμενος διαθέτει όλες τις πληροφορίες, έχει κίνητρα και τα απαραίτητα μέσα για την επίτευξη των στόχων. Ο ρόλος σας είναι να τους βοηθήσετε να επιτύχουν στην αποστολή που τους έχετε αναθέσει. Μερικές συμβουλές θα σας βοηθήσουν να οργανώσετε μια ποιοτική παρακολούθηση:

• Ορίστε προθεσμίες και προγραμματίστε αξιολογήσεις κατά τη διάρκεια του μαθήματος για να επαναπροσδιορίσετε την εστίαση ή να αναπροσαρμόσετε, εάν είναι απαραίτητο,

• Ακούστε τον συνεργάτη σας και δείξτε μια στάση φροντίδας. Δεν υπάρχει λόγος να τους κατηγορείτε για ένα μικρό λάθος- αντίθετα, ενθαρρύνετέ τους σε όλη τη διάρκεια του έργου,

- να τους παρέχει κατάρτιση και εργαλεία που θα τους βοηθήσουν στο έργο τους.

 # ΕΠΙΤΗΡΗΣΗ ΝΑΙ, ΑΣΤΥΝΟΜΕΥΣΗ ΟΧΙ!

Σε αυτή τη φάση, το θέμα είναι να συνοδεύετε παρά να επιβλέπετε. Εάν ο υπάλληλός σας αισθάνεται ότι παρακολουθείτε κάθε του κίνηση, θα νομίζει ότι δεν τον εμπιστεύεστε, θα αισθάνεται άχρηστος και τελικά θα υποφέρει η παρακίνηση και η εργασία του. Αν τον επιλέξατε, είναι επειδή το αξίζει. Κάντε τον λοιπόν να το καταλάβει αυτό δίνοντάς του λίγη ελευθερία.

Ενημέρωση

Η ενημέρωση χρησιμοποιείται για την αξιολόγηση της ανάθεσης. Συγχαρείτε τον συνάδελφό σας εάν πέτυχε τον στόχο του και, εάν απέτυχε, προσπαθήστε να κατανοήσετε από κοινού τους λόγους αυτής της αποτυχίας και τι θα μπορούσε να είχε κάνει διαφορετικά. Αυτή είναι μια σημαντική στιγμή επικοινωνίας, γι' αυτό φροντίστε να τους ακούσετε. Ίσως χρειάστηκε να αντιμετωπίσει εμπόδια που δεν περίμενε. Ή ίσως η πίεση ήταν πολύ μεγάλη. Ρωτήστε τους πώς αισθάνθηκαν κατά τη διάρκεια της αποστολής και τώρα που τελείωσε. Είναι έτοιμοι να το ξανακάνουν; Αν ναι, μπορείτε πιθανότατα να συμφωνήσετε για νέα έργα που θα του αναθέσετε.

ΚΟΡΥΦΑΙΕΣ ΣΥΜΒΟΥΛΕΣ

- Μην αναθέτετε απλώς τα δυσάρεστα καθήκοντα στον υπάλληλό σας, αλλά δώστε του/της καθήκοντα που τον/την ανταμείβουν, αυτό θα τον/την κινητοποιήσει. Το ίδιο ισχύει και για εσάς: μην κρατάτε όλες τις αδιάφορες και βαρετές εργασίες, αλλά βρείτε μια ισορροπία μεταξύ των δύο. Επιπλέον, αναθέστε εργασίες για τις οποίες δεν διαθέτετε τις απαραίτητες δεξιότητες και οι οποίες θα σας καθυστερούσαν σημαντικά στην υλοποίηση του έργου ή θα σας εμπόδιζαν να αναπτύξετε άλλες δράσεις. Για παράδειγμα, μην προσπαθήσετε να δημιουργήσετε ένα πρόγραμμα υπολογιστή όταν έχετε μια ιδιοφυΐα στον τομέα που μπορεί να το κάνει σε χρόνο μηδέν.

- Μην αναθέτετε στον υπάλληλό σας πολλές ευθύνες ταυτόχρονα, καθώς αυτό μπορεί να τον αγχώσει ή ακόμη και να τον κάνει να χάσει την ψυχραιμία του. Κάντε το σταδιακά, σταδιακά. Ξεκινήστε με μια αρκετά απλή εργασία και στη συνέχεια δώστε τους περισσότερες ευθύνες καθώς γίνονται πιο δυναμικά. Ωστόσο, εάν είναι ήδη έμπειροι και αποδεδειγμένοι, μη διστάσετε να τους αναθέσετε ένα ή περισσότερα καθήκοντα, τα οποία μπορούν στη συνέχεια να αναθέσουν οι ίδιοι. Σε κάθε περίπτωση, βεβαιωθείτε ότι συμφωνούν κατά τη διάρκεια της συνέντευξης.

- Αναθέστε καθήκοντα σε κάποιον που εμπιστεύεστε, τόσο από άποψη δεξιοτήτων όσο και επαγγελματικής συμπεριφοράς. Αν έχετε αμφιβολίες για ένα άτομο, πιθανόν να σπαταλήσετε χρόνο για να παρακολουθείτε τη δουλειά του ή να διορθώνετε τα λάθη του, κάτι που θα ήταν αρκετά αντιπαραγωγικό και επιζήμιο για τη σχέση σας καθώς και για το έργο.

- Δώστε στο προσωπικό σας την ελευθερία να επιλέξει τα μέσα και τις διαδικασίες για να επιτύχει. Αυτή η αυτονομία θα καταδείξει την εμπιστοσύνη που τους δείχνετε, γεγονός που θα τους παρακινήσει.

- Διαθέσιμη διαμονή. Ο εντολοδόχος θα πρέπει να μπορεί να επικοινωνεί μαζί σας και να σας ρωτά για τυχόν ανησυχίες που μπορεί να έχετε σχετικά με τα διάφορα καθήκοντα. Αν δεν το κάνετε, θα επιβραδύνετε το έργο.

- Φροντίστε να παρακολουθείτε την πρόοδο του έργου και να δίνετε εποικοδομητική ανατροφοδότηση σχετικά με τα αποτελέσματα που επιτεύχθηκαν ή που πρέπει να βελτιωθούν, παραμένοντας ταυτόχρονα συνεπείς με τις προσδοκίες σας. Για να το κάνετε αυτό, μπορείτε να τηρείτε ένα ημερολόγιο στο οποίο θα φαίνεται ο ρόλος κάθε μέλους του προσωπικού, η κατανομή των καθηκόντων και η πρόοδος των καθηκόντων αυτών. Συνιστάται επίσης η καθιέρωση συνεδριάσεων αξιολόγησης, υπό την προϋπόθεση ότι δεν είναι πολύ συχνές.

- Αν κάτι δεν πάει σύμφωνα με το σχέδιο, συζητήστε το κατ' ιδίαν με τον συνάδελφό σας. Δεν υπάρχει λόγος να τους μαλώνετε μπροστά σε όλη την ομάδα, καθώς αυτό θα τους απογοητεύσει, θα τους αποθαρρύνει και θα τους κάνει να χάσουν την αξιοπιστία τους απέναντι στους συναδέλφους τους.

- Αποφύγετε την υπερβολική παρακολούθηση. Αν συνεχίσετε να επιβλέπετε τα πάντα με άκαιρο τρόπο, αυτό θα αποδυναμώσει και θα αποθαρρύνει τον υπάλληλό σας. Ωστόσο, δεν πρέπει να αναθέτετε στα τυφλά και να αναλαμβάνετε σημαντικούς κινδύνους για την εταιρεία. Ρίξτε μια γρήγορη ματιά στον υπάλληλό σας από καιρό σε καιρό.

- Αποφύγετε να αναθέτετε βιαστικά ή πολύ αργά. Η αποτελεσματική ανάθεση απαιτεί προετοιμασία. Μην περιμένετε μέχρι να κατακλυστείτε για να αποφασίσετε, διότι το προσωπικό σας θα νιώσει ότι χρησιμοποιείται ως εφεδρικός τροχός και δεν θα συμμετέχει όσο θα θέλατε. Αφιερώστε χρόνο για να αναλύσετε την αποστολή, να ορίσετε τις διάφορες ενέργειες που πρέπει να πραγματοποιηθούν, να εντοπίσετε τον κατάλληλο συνεργάτη και να κοινοποιήσετε τις πληροφορίες που αφορούν το έργο.

- Μην ξεχάσετε να ευχαριστήσετε, να συγχαρείτε και να δώσετε τα εύσημα στον εργαζόμενο. Άλλωστε, εν μέρει χάρη σε αυτούς το έργο στέφθηκε με επιτυχία.

ΣΥΧΝΕΣ ΕΡΩΤΗΣΕΙΣ

ΔΕΝ ΑΙΣΘΑΝΟΜΑΙ ΚΑΤΑΒΕΒΛΗΜΕΝΟΣ, ΘΑ ΠΡΕΠΕΙ ΝΑ ΑΝΑΘΕΣΩ ΤΗΝ ΕΡΓΑΣΙΑ ΜΟΥ;

Δεν χρειάζεται να αναθέτετε με κάθε κόστος. Κάντε το όταν σας περιμένει μεγάλος φόρτος εργασίας, όταν έχετε να τηρήσετε σύντομες προθεσμίες ή όταν κάποιος είναι πιο ικανός από εσάς για να κάνει μια συγκεκριμένη εργασία. Η ανάθεση μέρους ενός έργου είναι ένας αποτελεσματικός τρόπος για την επιτυχή υλοποίησή του. Σας επιτρέπει να διαχειρίζεστε καλύτερα το χρόνο σας, ώστε να μπορείτε να επικεντρωθείτε σε άλλες δραστηριότητες. Επιπλέον, αναθέτοντας καθήκοντα στους υπαλλήλους σας, τους αναθέτετε ευθύνες και τους επιτρέπετε να επενδύσουν στη δραστηριότητα της εταιρείας δίνοντάς τους κίνητρα.

ΠΟΤΕ ΕΙΝΑΙ Η ΚΑΤΑΛΛΗΛΗ ΣΤΙΓΜΗ ΓΙΑ ΝΑ ΑΝΑΘΕΣΕΤΕ ΑΡΜΟΔΙΟΤΗΤΕΣ;

Μην περιμένετε μέχρι να συγκλονιστείτε ή να διαπιστώσετε ότι δεν υπάρχει τρόπος (λόγω έλλειψης χρόνου ή δεξιοτήτων) να επιτύχετε τον στόχο. Μόλις εμφανιστεί ένα νέο έργο, αναλύστε όλες τις δεξιότητες και τα καθήκοντα που θα απαιτηθούν για την ανάπτυξή του. Προσδιορίστε αυτά που μπορείτε να χειριστείτε μόνοι σας και αναθέστε τα υπόλοιπα στους συναδέλφους σας. Επιπλέον, επωφεληθείτε από τις περιόδους χαλάρωσης για να αφιερώσετε χρόνο για να οργανώσετε τη μεταβίβαση της εξουσίας σας.

ΟΤΑΝ ΑΝΑΘΕΤΩ, ΠΑΡΑΙΤΟΥΜΑΙ ΑΠΟ ΜΕΡΟΣ ΤΟΥ ΕΡΓΟΥ;

Σε αντίθεση με ό,τι πιστεύουν πολλοί, η μεταφόρτωση ορισμένων εργασιών δεν σημαίνει εγκατάλειψη του έργου. Πρόκειται για μια αναγκαία μέθοδο για την καλύτερη οργάνωση του χρόνου εργασίας μέσω της κατανομής των καθηκόντων και των ευθυνών. Αυτό συμβάλλει στη μείωση του άγχους, ενώ παράλληλα εκτιμά και παρακινεί την ομάδα. Η ανάθεση είναι το αντίθετο της εγκατάλειψης, σας δίνει τα εργαλεία για να ολοκληρώσετε το έργο σας. Ξεχάστε τα κλισέ και προχωρήστε!

ΜΠΟΡΩ ΝΑ ΑΝΑΘΕΤΩ ΣΤΟΥΣ ΥΠΑΛΛΗΛΟΥΣ ΜΟΥ ΚΑΘΕ ΕΙΔΟΥΣ ΕΡΓΑΣΙΕΣ;

Μπορείτε να αναθέσετε σε όλους τους τομείς: διοικητικούς, εμπορικούς, οικονομικούς, μάρκετινγκ, τεχνικούς κ.λπ. Αυτό που έχει σημασία είναι να γνωρίζετε τι θέλετε να μεταβιβάσετε σε άλλους και να επιλέξετε το κατάλληλο άτομο στο οποίο θα αναθέσετε τα καθήκοντα ανάλογα με τις δεξιότητες και τη διαθεσιμότητά του, αλλά και το βαθμό ευθύνης που συνεπάγεται. Ωστόσο, ορισμένοι από τους ρόλους της διαχειριστικής σας λειτουργίας θα πρέπει να παραμείνουν στη δική σας ευθύνη. Τέλος, αποφύγετε την κατάχρηση αυτής της προσέγγισης αναθέτοντας καθήκοντα μόνο επειδή σας κουράζουν.

ΑΦΟΥ ΑΝΑΤΕΘΕΙ Η ΕΡΓΑΣΙΑ, ΧΡΕΙΑΖΕΤΑΙ ΝΑ ΤΗΝ ΕΚΤΕΛΩ;

Ο έλεγχος είναι απαραίτητος σε κάθε ανάθεση, υπό την προϋπόθεση ότι είναι ισορροπημένος. Θα ήταν αντιπαραγωγικό να παρακολουθείτε την πρόοδο του έργου σε καθημερινή βάση και να επιθεωρείτε κάθε κίνηση του προσωπικού σας. Είναι προτιμότερο να προγραμματίζετε συναντήσεις αξιολόγησης, αλλά όχι πολύ τακτικά, ώστε να μην επιβαρύνετε ή επιβραδύνετε τη διαδικασία. Οι συναντήσεις αυτές θα πρέπει να συνοδεύονται από εποικοδομητική ανατροφοδότηση για να διατηρείται το μέλος του προσωπικού σας σε καλό δρόμο. Περισσότερο από τον έλεγχο, πρόκειται για τη συνοδεία τους στην επιτυχία της αποστολής.

ΠΟΙΑ ΕΡΓΑΛΕΙΑ ΜΠΟΡΟΥΝ ΝΑ ΜΕ ΒΟΗΘΗΣΟΥΝ ΝΑ ΟΡΓΑΝΩΣΩ ΤΗΝ ΑΝΑΘΕΣΗ ΜΟΥ;

Δεν υπάρχουν ειδικά εργαλεία για το σκοπό αυτό. Ωστόσο, η χρήση πινάκων κατανομής εργασιών ή συστημάτων χαρτογράφησης του *νου* μπορεί να βοηθήσει. Το να παραμένετε θετικοί και διαθέσιμοι, να επικοινωνείτε ανά πάσα στιγμή, να παρέχετε τους απαραίτητους πόρους, να ενθαρρύνετε το προσωπικό σας και να πιστεύετε σε αυτό, θα είναι το καλύτερο εφόδιο για την επιτυχία σας.

ΠΟΙΟΙ ΕΙΝΑΙ ΟΙ ΚΙΝΔΥΝΟΙ ΤΗΣ ΑΝΑΘΕΣΗΣ;

Αν και η ανάθεση συνιστάται συχνά για την ελάφρυνση του φόρτου εργασίας, την επιτάχυνση της διαδικασίας υλοποίησης του έργου και την αύξηση της αξίας του προσωπικού της εταιρείας, η ανάθεση ενέχει ορισμένους κινδύνους, όπως

- διατάραξη της ιεραρχίας, με την έννοια ότι οι αποφάσεις των υφισταμένων θα υπερισχύουν των αποφάσεων των προϊσταμένων ή θα δημιουργούν αντιφάσεις στην επικοινωνία,

- δημιουργούν ζήλια ή δυσαρέσκεια εντός της ομάδας,

- προκαλούν αποκλίσεις εάν ο εξουσιοδοτούμενος κάνει κατάχρηση της εξουσίας που έλαβε ή εάν ο εξουσιοδοτών αναθέσει οποιαδήποτε εργασία,

- δημιουργούν απογοήτευση στον εντολοδόχο, εάν δεν υποστηρίζεται επαρκώς ή εάν οι στόχοι δεν είναι σαφώς καθορισμένοι.

ΠΩΣ ΜΠΟΡΩ ΝΑ ΕΙΜΑΙ ΣΙΓΟΥΡΟΣ ΟΤΙ Ο ΥΠΑΛΛΗΛΟΣ ΜΟΥ ΘΑ ΑΝΤΙΜΕΤΩΠΙΣΕΙ ΘΕΤΙΚΑ ΑΥΤΗ ΤΗΝ ΑΝΑΘΕΣΗ;

Προκειμένου ο εξουσιοδοτημένος να υποδεχτεί το έργο που του αναθέτετε με θετικό τρόπο, δεν πρέπει να το αντιλαμβάνεται ως μια δυσάρεστη αποστολή από την οποία θέλετε να απαλλαγείτε. Εξηγήστε γιατί τον επιλέξατε (ποιες δεξιότητες διαθέτει), εξηγήστε τη σημασία της εργασίας και δώστε του κάποια αυτονομία στην εκτέλεσή της. Με τη συμμετοχή τους στο έργο, την εμπιστοσύνη τους, την ανάθεση ευθυνών και την ανάληψη πρωτοβουλιών, θα νιώσουν ότι εκτιμώνται και θα επενδύσουν πλήρως στο έργο.

ΜΠΟΡΕΙ ΝΑ ΑΝΑΚΛΗΘΕΙ ΜΙΑ ΑΝΑΘΕΣΗ ΚΑΤΑ ΤΗ ΔΙΑΡΚΕΙΑ ΤΟΥ ΕΡΓΟΥ;

Μια πράξη ανάθεσης που εκδίδεται για αόριστο χρονικό διάστημα μπορεί να ανακληθεί ανά πάσα στιγμή. Εάν ένα άτομο κάνει κατάχρηση της εξουσίας του, μπορείτε να την ανακαλέσετε. Θα πρέπει επίσης να υπενθυμίσουμε ότι η ανάθεση αφορά ενέργειες ή λήψη αποφάσεων, πράγμα που σημαίνει ότι η αποχώρηση (φυσική ή μη) του προσώπου που είναι υπεύθυνο για την ανάθεση μέρους των καθηκόντων ή των αρμοδιοτήτων του δεν σημαίνει αυτομάτως ότι η ανάθεση τερματίζεται.

ΧΡΕΙΑΖΕΤΑΙ ΝΑ ΕΠΙΣΗΜΟΠΟΙΗΣΩ ΓΡΑΠΤΩΣ ΤΗΝ ΕΞΟΥΣΙΟΔΟΤΗΣΗ ΜΟΥ;

Σε περίπτωση μεταβίβασης αρμοδιοτήτων, συνιστάται έντονα η εν λόγω μεταβίβαση να επισημοποιείται εγγράφως, προσδιορίζοντας την ημερομηνία έναρξης ισχύος, τη διάρκεια, τη φύση των αρμοδιοτήτων που μεταβιβάζονται και τυχόν προηγούμενες συμφωνίες μεταξύ του εξουσιοδοτούμενου (του προσώπου στο οποίο ανατίθεται μέρος των αρμοδιοτήτων) και του εξουσιοδοτούντος (του υπευθύνου που μεταβιβάζει μέρος των αρμοδιοτήτων του).

Σε άλλες περιπτώσεις, όπως η ανάθεση καθηκόντων σε περιστασιακή βάση, δεν χρειάζεται επίσημο έγγραφο. Ωστόσο, είναι σημαντικό να θυμάστε ότι κάθε γραπτή καταγραφή μπορεί να είναι χρήσιμη σε περίπτωση διαφωνίας και μπορεί να αποτελέσει αποδεικτικό στοιχείο.

ΓΙΑ ΝΑ ΠΡΟΧΩΡΗΣΕΤΕ ΠΕΡΑΙΤΕΡΩ

ΒΙΒΛΙΟΓΡΑΦΙΚΕΣ ΠΗΓΕΣ

CONDIS (Stéphanie), "Comment déléguer en 5 questions clés", στο *L'Express*, Φεβρουάριος 2011, πρόσβαση στις 15 Νοεμβρίου 2015.

http://lentreprise.lexpress.fr/rh-management/management/comment-deleguer-en-5-questions-cles_1525738.html

COUDIÈRE (Hervé), "Savoir déléguer pour réussir", στο *La formation pour tous*, Σεπτέμβριος 2015, πρόσβαση στις 3 Δεκεμβρίου 2015.

http://www.laformationpourtous.com/comportemental/pratiques-outils/savoir-deleguer-pour-reussir.html

"La délégation de pouvoirs dans les sociétés", στο *Segeco*, Ιανουάριος 2010, πρόσβαση στις 11 Δεκεμβρίου 2015.

http://www.segeco.fr/base-documentaire/la-delegation-de-pouvoirs-dans-les-societes-sp_fiche100112_1.html

Tramond (Philippe), "Sachez déléguer", στο *Pilotis*, πρόσβαση στις 15 Νοεμβρίου 2015.

http://www.pilotis.fr/extranet/upload/presse/78%20OCT%2009%20NOUV%20ENTREPRENEUR.pdf

ΠΡΟΣΘΕΤΕΣ ΠΗΓΕΣ

FERRIER (Nicolas), *La délégation de pouvoir, technique d'organisation de l'entreprise*, Paris, LexisNexis éditions, 2005.

Lallican (Jean-Ange), *L'art de déléguer. Manager dans la confiance*, Παρίσι, Dunod, 2015.

SORREL (Paul), *L'art de déléguer pour réussir*, Lyon, Éditions Juris, 1995.

Zinque (Nicolas), *Comment bien gérer un projet?* Βρυξέλλες, Lemaitre Publishing, 2015.

Ο εκδότης διασφαλίζει την αξιοπιστία των πληροφοριών που δημοσιεύονται, η οποία όμως δεν μπορεί να αποτελέσει ευθύνη του.

Κύριο ISBN: 9782808664387
ISBN: 9782808671804
Νόμιμη κατάθεση: D/2023/12603/502

Ψηφιακός σχεδιασμός: Primento,
ο ψηφιακός συνεργάτης των εκδοτών.